Niños del Mañana

Guía para educar niños felices en el siglo XXI

por

MICHAEL LAITMAN

LAITMAN
KABBALAH
PUBLISHERS

Niños del Mañana
Guía para educar niños felices en el siglo XXI

Derechos reservados © 2007 por Michael Laitman
Todos los derechos reservados. Publicado por Laitman Kabbalah Publishers
www.kabbalah.info/es   spanish@kabbalah.info
1057 Steeles Avenue West, Suite 532, Toronto, ON, M2R 3X1, Canada

Impreso en Israel

ISBN 978-1-897448-61-8

Traducción: Alberto Bakaleinik
Edición: Mónica Wasserbach y Norma Livne
Revisión: Mónica Valk, Jike Páramo
Diseño de portada e interior: Baruch Khovov, Studio Yaniv
Impresión: Shimon Karmón
Posproducción: Uri Laitman
Supervisión: Lev Volovik
Coordinación: Merav Gottdank; Idit Kazez
Recopilación: S. Ratz, G. Gerchikov, H. Kantzberg, R. Cohen, L. Regev-Gol,
Y. Garanturov, T. Akerman, J. Gamburg, A. Sharabi, H. Tapiaro, A. Adam,
V. Teshuva, M. Ravi, S. Gal, M. Pikler, A. Belotzerkovsky, Y. Kim
Editor ejecutivo: Chaim Ratz

PRIMERA EDICIÓN: DICIEMBRE 2011
Primera impresión

Contents

"Nosotros no creamos nada.
Nuestro trabajo únicamente consiste en iluminar
lo que se oculta en el interior del hombre".

Menajem Mendel de Kotz

Introducción

Introducción

En cada uno de nosotros hay una chispa que nos llama desde el lugar más profundo. La prisa y el ajetreo de la vida cotidiana pareciera desdibujarla de nuestras mentes, pero cada vez que observamos a nuestros hijos, ella consigue abrirse camino a través de la oscuridad y tocarnos en lo profundo del corazón. Aunque sólo sea por un momento fugaz, nos recuerda que una vez fuimos diferentes. Tuvimos sueños y observamos el mundo con ojos distintos, más simples, más bellos, y penetrantes.

Hoy, una nueva generación está creciendo de manera acelerada, la cual no está dispuesta a conformarse con lo que hay, y ciertamente, tampoco con lo que haya habido. Esta generación no está dispuesta a dejar que esa chispa interior se apague. Es una generación que quiere saber, comprender y descubrir el propósito de la vida. Ellos, nuestros hijos, no descansarán hasta que no les traigamos algo real, algo que alimente sus corazones.

Niños del Mañana consta de conmovedores extractos recopilados de charlas que el cabalista Dr. Michael Laitman sostuvo con educadores, psicólogos, padres y niños. Estos extractos ofrecen un esbozo de un profundo y expansivo método educativo basado en la sabiduría de la Cabalá, concebido para esta generación.

Este es un libro que traerá una nueva luz a aquellos cuyos corazones son entusiastas de la educación, a los padres que desean ver un futuro más claro para sus hijos, a los maestros y educadores que quieren ampliar sus horizontes, y a toda persona cuyo corazón sigue sintiendo ese niño interior.

Una nueva generación

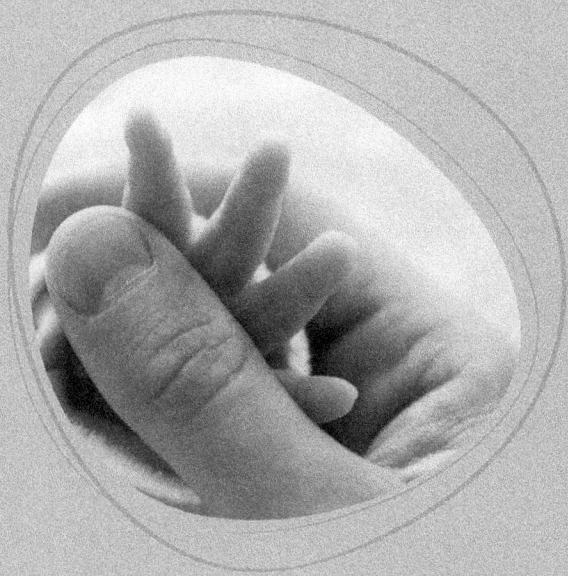

CAPÍTULO UNO
Seguir avanzando

Más allá de la materia

Vendrá una generación,
esperamos verla pronto,
que verdaderamente ansíe liberarse de este mundo
a un mundo de información,
un mundo de fuerzas,
a todo lo que yace más allá de la materia,
y que se denomina "el mundo espiritual".

El deseo de ser humano

Hoy
es la primera vez
que sentimos,
aunque no lo comprendamos aún,
que la generación más joven
está descubriendo
la necesidad
de desarrollar
el "humano" en su interior.

En una frecuencia distinta

Esta generación es especial.
Sintoniza en una frecuencia distinta
comparada con generaciones anteriores,
debido a que su receptor
es diferente.

Una generación especial

La generación más joven
está conformada por almas totalmente diferentes,
de calidad distinta.

Quieren literalmente
sentir el mundo superior, el más espiritual.
Los niños de hoy están creados para eso.

Si sólo comenzáramos a estudiar junto a ellos,
sentiríamos inmediatamente cómo nos impulsan
hacia delante, hacia adentro,
al profundo reino de la sabiduría.

Adaptándonos a la generación joven

Para llegar al corazón de los niños,
nosotros, que venimos de una generación mayor,
debemos reconocer
cuán fundamentalmente diferentes somos de ellos.

No debemos pensar
que ellos deben querernos
y aceptarnos tal como somos,
sin que cambiemos.

Al contrario,
nosotros debemos tratar de
adaptarnos a ellos
lo más posible.

Tratando a los niños como adultos

Los niños de hoy
son, de hecho, maduros
en su preparación interior
para el desarrollo,
y debemos tratarlos como tales.

Buscando satisfacción auténtica

Fijémonos en la generación joven.

¡Ellos lo tienen todo!

Pero están insatisfechos.

¿Por qué caen en las drogas?

Porque no disfrutan de una vida como la nuestra.

Generación desconectada

La renovación de las almas en la presente generación
lleva a los jóvenes a sentir
que no tienen nada que aprender de los adultos.
De hecho, qué pueden aprender de personas
que les dicen:
"Levántate a la mañana,
ve al trabajo,
sé un buen chico,
cásate,
ten hijos,
y todo estará bien".

CAPÍTULO DOS
Un nuevo método

Concentrarse en el alma

Los jóvenes de hoy en día
necesitan una educación de mayor calidad,
la cual no puede ser proporcionada por la educación actual.
Los niños puede que sean pequeños en tamaño,
por lo que pensamos:
"¿Qué saben ellos?"
Pero es su alma la que debemos tomar en cuenta.

Un cambio fundamental

La generación joven crece con un deseo global.
Pertenece a un mundo global.
Ya no podemos acercarnos a ellos con métodos antiguos,
de manera que deberemos cambiar
nuestro sistema educativo
desde la base.

Su educación debe adecuarse a las nuevas almas
que están apareciendo hoy,
sin coerción
y con una explicación sobre la esencia del hombre.
Sólo este enfoque será exitoso.

Explicando la esencia de la vida

La educación no termina con
la enseñanza de códigos de comportamiento.
En vez de esto, la educación debiera ser
una explicación de la esencia de la vida,
el camino para darnos cuenta
de las cualidades de la propia alma.

Niños del Mañana

El problema con nuestra educación

El problema con nuestra educación es
que no formamos a los niños
para se conviertan en seres humanos.

Nosotros les damos conocimiento,
pero no los educamos en el mayor sentido de la palabra.
"Educar" significa enseñar a los niños
cómo relacionarse consigo mismos
y con los demás adecuadamente,
para convertirse en seres humanos íntegros, completos.

22

En lugar de esto,

les proporcionamos información técnica:

Cómo girar un destornillador,

cómo trabajar con una computadora,

un poco de ciencia,

y los mandamos a seguir su camino.

Nosotros no enseñamos a los niños

cómo vivir sus propias vidas correctamente;

por consiguiente, nos enfrentamos a una generación

verdaderamente infeliz.

La crisis humana

La gente de hoy ya no puede descubrir nada nuevo en la naturaleza, debido a que la hemos dividido en marcos y cajones.

Hemos llegado a un punto en el que cada persona no es más que un tornillo en una máquina, sabiendo qué profesión elegir y qué estudiar para ganar más dinero. Y eso es todo lo que anhelamos.

Pero la búsqueda eterna de la felicidad no nos hace felices. Por el contrario, estamos en crisis en la ciencia, la educación, la cultura, y en todas las ocupaciones humanas, precisamente porque no construimos seres humanos.

Tengamos la esperanza de que la crisis en la que nos encontramos sea el principio del fin de nuestra incorrecta actitud respecto a los demás.

Enseñar lo que requiere el alma

Si le damos al niño todo lo que su alma desea recibir hoy, es casi seguro que desaparecerán los desórdenes de carácter hiperactivo.

Debemos dejar de llenarlos de todo tipo de materias de estudio inherentes a pasadas generaciones y que ya no les son necesarias para la vida. En lugar de esto, debemos comenzar a satisfacer su necesidad de desarrollar el alma.

Una entera nueva generación
requiere una completa y nueva satisfacción

Esta es una generación
que requiere una satisfacción diferente,
a este comportamiento lo llamamos
"desorden de hiperactividad",
pero no es "hiper",
simplemente es "activo".
La generación es tan activa
como las necesidades
requeridas en su interior.

En armonía con sus exabruptos

Tenemos que reestructurar los sistemas educativos en todos los niveles y edades, de modo que los niños se sientan bien, que evolucionen libre y placenteramente, y que vivan en armonía con los egos que brotan en ellos.

No debemos restringir al niño. Por el contrario, debemos encontrar una forma en la que podamos estar "en armonía" con sus exabruptos, con su ego y con su vigor.

Vivir en la oscuridad

No nos educaron para ser "seres humanos",
no nos explicaron cómo fuimos creados:
nuestros deseos,
nuestras características,
lo que nos gobierna,
dónde tenemos libre albedrío y dónde no.
Nunca fuimos instruidos sobre las leyes del colectivo
y las del individuo,
y cómo estas evolucionan.

No sabemos nada
acerca de nosotros mismos
o sobre el entorno.
Y es así como se ve nuestra vida:
vivimos en la oscuridad.

Educar sólo a una generación correctamente

Si educamos correctamente
aunque sea sólo a una generación,
si les damos a los niños de hoy lo que necesitan,
incluso en pequeña medida,
ellos lo transferirán a la generación siguiente.

Y las generaciones siguientes
no decaerán más
sino que ascenderán.

De lo contrario,
la próxima generación se hundirá
en la desesperación y las drogas.
Lástima por nuestros hijos.

Simplemente felices

Si criamos a los niños de manera correcta,
dentro de diez años
veremos una generación diferente.

Los niños sabrán en qué clase de mundo viven
y comprenderán las consecuencias
de cada uno de sus actos.

Como resultado de esto, cimentarán sus actos,
pensamientos,
intenciones,
y relaciones
de modo tan apropiado y bueno
que sencillamente
serán felices.

PARTE DOS

Principios de la educación

CAPÍTULO UNO
El entorno
construye a la persona

Niños del mañana

El entorno de los niños de hoy
determina lo que ellos serán mañana.
Es por esto que debemos darles ejemplos positivos,
producir películas adecuadas, escribir libros, y demás.
Esta es la única forma en que los niños
absorberán de manera gradual los ejemplos
quequeremos transmitirles, y que a su vez,
moldearán su personalidad.

Estableciendo una sociedad

La educación correcta significa
establecer alrededor de la persona
una sociedad que promueva constantemente
las relaciones correctas
con el entorno.

Somos educados por el entorno

Lo esencial no son los maestros o los libros de estudio: somos educados mediante nuestro entorno.

Es decir, lo fundamental que debemos construir en la escuela es un buen entorno social para los niños, donde cada uno de ellos se sienta comprometido a ser compañero, y a apoyar a sus amigos de modo positivo y solidario.

De este modo nuestros atributos naturales: la envidia, el deseo, la búsqueda de honor y la competencia sólo estimularán a los niños, debido a que desarrollarán una sensibilidad especial hacia la sociedad, y a través de esto crecerán en la dirección correcta.

Únicamente el entorno

Los niños deben ser educados por su entorno. Nosotros ni siquiera debemos alentarlos a participar en discusiones, decirles qué hacer, o comentar acerca de su comportamiento.

Todo lo que se requiere es motivarlos a crecer y a cambiar hacia el rumbo correcto a través de su entorno. El entorno es el factor primario en nuestro desarrollo.

Sin violencia en nuestras escuelas

Debemos proveer a los niños de fundamentos apropiados para establecer un vínculo correcto con la sociedad, para mostrarles hasta qué punto están ligados a la sociedad, hasta qué punto dependen de ella, y de qué manera pueden influir en ella.

Todos los casos de arrebatos, violencia extrema y terrorismo resultan del hecho de que nadie les enseñó a estos niños cómo establecer una conexión adecuada con la sociedad.

Muchas veces realizamos acciones muy crueles, debido a que no sentimos que la sociedad es sensible con nosotros. Eso pasa con aquellos que son antisociales: ellos sólo quieren hallar su lugar en la sociedad.

Por consiguiente, debemos construir desde el principio un sistema de conexiones sociales adecuado para los niños con la sociedad, con el entorno. Deberíamos construir para ellos un entorno social constituido por niños parecidos a ellos, y trabajar con ellos juntos de modo que se comprendan unos a otros y se desarrollen en armonía entre ellos.

Si hacemos eso, podremos evitar todos los fenómenos negativos que existen hoy en la sociedad.

Entorno – la solución para la hiperactividad

Nos resulta difícil comprender que la omnipresente hiperactividad no es una enfermedad sino un síntoma, el resultado de la carencia de un entorno correcto.

Nosotros no les estamos dando a nuestros hijos el entorno adecuado en el cual desarrollarse, es por eso que responden de ese modo. En lugar de comprometernos con las necesidades de nuestros niños, nosotros reprimimos su demanda natural, y la denominamos "hiperactividad".

Para solucionar la mayor parte de los problemas de nuestra generación sólo debemos reorganizar las escuelas, el medio en el que ellos crecen.

La dependencia de la sociedad

Debemos transmitir a los niños, desde edad temprana, nuestra dependencia absoluta de la sociedad - para bien o para mal.

Por un lado, debemos mostrarles por medio de juegos, ejemplos y modelos, que una sociedad puede ser muy dañina. Debemos mostrarles cuánto esta avasalla y confunde a la personas, y cuánto, de hecho, puede hipnotizarlas hasta tal punto que si van detrás de ella, es probable que se encuentren tras las rejas de un día para el otro.

Sin embargo, si el hombre participa en una buena sociedad, su persuasión le afecta de modo positivo.

Estos son los ejemplos que debemos mostrarles a los niños de todas las edades y de diferentes maneras, para que comprendan que eligiendo su entorno –sus amigos y los medios de comunicación a los que se exponen–, ellos se auto-educan y principalmente deciden su destino.

De esto podemos concluir que nosotros, como padres, necesitamos definir lo que presenten los medios de comunicación., así como todo aquello a lo que la gente se ve expuesta hoy día.

Condiciones para el crecimiento del hombre

Educación significa darle al hombre los medios para construirse a sí mismo.

Si queremos criar niños por nosotros mismos, entonces no los estamos educamos, sino que los estamos forzando, obligándolos.

No debemos decirles "Haz esto de esta manera y no de otra". Las órdenes son para amaestrar a los animales, no para educar a los seres humanos.

A una persona es necesario explicarle, establecer las condiciones: un entorno que consista en libros, amigos y educadores, que lo lleve al punto del libre albedrío en su vida.

Esto tiene que comenzar a una edad temprana, antes de que el niño sea consciente de lo que le está sucediendo. Incluso entonces debemos construir a su alrededor las condiciones a partir de las cuales aprenderá, y se educará a sí mismo.

Sólo si el niño es impresionado repetidamente de su entorno y recibe de él la importancia de su próximo nivel de desarrollo, tendrá fuerza para ir en pos de él y desarrollarse en su vida.

CAPÍTULO DOS
Equilibrio con la naturaleza

Parte del todo

Nosotros
debemos
aprender
de la naturaleza,
porque somos
parte
de ella.

La sabiduría de la vida

Todos los componentes de la naturaleza,
inanimado, vegetal y animado,
coexisten en perfecta armonía, en equilibrio.

Sólo el hombre no está en equilibrio,
debido a que su ego siempre se entromete y
lo obliga a ser la parte negativa de la naturaleza.

Si aprendemos cómo equilibrarnos,
cómo refrenar lo malo,
cómo integrarnos con la naturaleza
de modo correcto e integral
fuera de nuestra autoconciencia,
alcanzaremos una buena vida.

Esa es la sabiduría de la vida
que debemos enseñar a nuestros niños.

Tomar el ejemplo de la naturaleza

La única educación correcta es
tomar el ejemplo de la naturaleza,
sin creer
o imaginar.
Como nos muestra la sabiduría de la Cabalá.

Nuestra vida tiene un propósito

Cuanto más descubrimos de la naturaleza, las leyes y conexiones que hay en ella, más vemos que todo está predeterminado en una conexión global y recíproca, tanto a nivel individual como colectivo. Exactamente como todos los elementos de nuestro cuerpo están mutuamente conectados.

Por consiguiente, debemos comprender que también nuestras vidas tienen principio y fin y un propósito que finalmente deberemos alcanzar.

La dirección correcta

Nosotros debemos adaptar
nuestra interioridad
con la totalidad de la naturaleza.

Debemos enseñar a nuestros hijos
cómo unirnos,
y cómo amarnos unos a otros.
Sin eso no podremos
sobrevivir.

Si les transmitimos la perspectiva correcta en la vida,
eso ya les hará avanzar
y les permitirá progresar por ellos mismos.
Lo importante es transmitirles la dirección correcta.

"Lográndolo" en el siglo XXI

En el Siglo XXI el hombre que "lo logre" será
el que sepa cómo relacionarse favorablemente
con los demás y con el mundo.

Esta clase de persona tendrá éxito,
debido a que él o ella se desempeñará
a semejanza con la naturaleza,
en equilibrio con ella.

Dondequiera que pongamos a este tipo de personas,
las encontraremos, no sólo sobreviviendo,
sino prosperando,
mientras que otros, "ganadores"
con todo su dinero y sus ahorros,
de repente lo pierden todo.

Un ser humano es aquel que desea conectarse

La ley general de la naturaleza
que opera sobre la sociedad humana
determina que la gente debe estar conectada.

La sabiduría de la Cabalá
explica cómo formar al ser humano
que desea respetar
la ley de la naturaleza en la sociedad.

La escala del Creador

"Educación" significa enseñar al niño qué es más y menos importante en la vida, qué es bueno y qué es malo, qué vale la pena y qué no.

Sin embargo, ¿cuál es la escala con la que medimos la educación?

"A" es mejor que "B", no porque sea mejor para mí, para ti, o para cualquier otro, sino porque está más cerca del modelo del Creador: amor y otorgamiento. Esta es la esencia de la educación.

Los más natural es hablar sobre eso

A pesar de que nos parezca
que amar y otorgar
no son parte de nuestra naturaleza,
en realidad sí se encuentran en nuestro interior.

Cuando se conversa de eso con los niños,
no les hablamos de cosas ficticias
que el género humano ha inventado en este mundo,
sino acerca de los fundamentos
sobre los cuales se cimienta la naturaleza.

Similitud con el Creador

Adam (Adán, el ser humano)
proviene del mundo
Domé (similar) al Creador,
similar a la fuerza superior,
la fuerza de la naturaleza
la cualidad de amor y otorgamiento.

La transformación que uno experimenta
a lo largo del camino y en dirección a ella
se llama
"Educación".

Libre desarrollo

Todo el propósito
de la sabiduría de la Cabalá
es hacernos tomar conciencia
de que por medio de nuestras propias fuerzas,
por medio de nuestra decisión individual,
y de nuestro propio libre albedrío,
uno es capaz de llegar a asemejarse
a la ley general de la naturaleza,
llamada "el Creador".

Por otro lado, no hay nada más opuesto a la evolución
que tratar de convertir a los humanos en máquinas,
que sólo lleva a cabo órdenes
que nosotros queremos que cumplan.

El correcto plan de estudios

No tendremos éxito si creamos programas de estudio basados en nuestra imaginación.

Si nuestros programas de estudio no son compatibles con la naturaleza humana, con el desarrollo del mundo, y con todos los sistemas en los cuales vivimos, están destinados al fracaso.

Por consiguiente, la solución es leer de las fuentes cabalísticas, que nos muestran todo el sistema de los mundos y explican hacia dónde la humanidad necesita llegar, hacia dónde nos conducen la historia, la naturaleza, el desarrollo de la sociedad, y nuestro propio desarrollo interior.

En otras palabras, debemos conocer primero qué forma tomará la próxima generación. Sólo entonces podremos comenzar a contemplar el camino correcto que permita preparar al niño para las condiciones que existirán en su generación.

Esas condiciones deberán ser tan claras para nosotros que podamos planificar los pasos con los cuales conduciremos a nuestros niños hacia esta perfecta forma futura.

Escuchar a la naturaleza

Debemos prestar más atención a la naturaleza y tomar ejemplos de ella, porque la naturaleza contiene todo.

De la manera en la que nos relacionamos con las personas, en que construimos la sociedad, en la creación correcta de la familia, en la construcción adecuada del entorno de cada uno de nosotros, en la educación en el jardín de infantes, en la escuela, o en la universidad y en general, debemos buscar respuestas en la naturaleza.

La sabiduría de la Cabalá, que está basada únicamente en el estudio de la naturaleza, dice que si tomamos nuestros conocimientos de allí, llegaremos gradualmente a alcanzar armonía con la naturaleza. Este es el único camino para asegurar nuestro bienestar.

Acompañando a las fuerzas de la naturaleza

Cuanto más cerca estén los niños del Creador,

cuanto más piensen en la dirección que Él piensa,

mayor será su éxito.

¿Por qué?

Porque fluirán junto a las fuerzas de la naturaleza.

Dos cosas que cada niño debe saber

1. Hay una fuerza general de la naturaleza, una fuerza superior que lo hace todo, y nosotros nos encontramos bajo su control.

2. Si nosotros queremos ser felices debemos hacer a otros felices, tal como esa fuerza superior.

Los niños reciben esto de manera natural, y de pronto, comienzan a descubrir que el mundo realmente está organizado de este modo.

Sin embargo, los adultos no son capaces de comprenderlo, porque son ya demasiado complicados.

Hoy muerdes, mañana serás mordido

Es necesario explicar al niño
que todos deseamos
sólo recibir,
esa es nuestra naturaleza.

Pero debido a que nuestro deseo
constantemente atrae para sí mismo,
causa daño a los demás.
Y al final,
esta actitud regresa a nosotros.

Hoy muerdes,
pero la próxima vez
te morderán.
¿No es preferible comportarnos de modo diferente?

Dentro de la naturaleza

A fin de cuentas,
es sólo cuestión de
enseñar a los niños
que ellos se encuentran
dentro de la naturaleza.
En eso consiste la educación en su totalidad.

Los grandes cambian
en beneficio de los pequeños

En el momento que comencemos a relacionarnos adecuadamente con los niños, afectaremos de manera positiva a la naturaleza, simplemente a través de nuestros pensamientos y deseos.

Como resultado, la fuerza global de la naturaleza afectará tanto a los niños como a los padres, a todo el sistema.

Es decir, un sistema educativo que supuestamente está orientado a los niños, de hecho, también cambiará y devolverá al equilibrio a los adultos.

¿Cómo? Cuando los adultos sepan, dentro de la responsabilidad y el amor hacia los pequeños, que deberán constituir un buen ejemplo, los adultos se comprometerán a comportarse correctamente en beneficio de los niños. Esto, a su vez, también cambiará a los adultos.

CAPÍTULO TRES
Ejemplo

El niño aprende del ejemplo

Tú puedes decir
mil palabras,
pero los estudios demuestran
que los niños no escuchan.

Ellos comprenden dibujos,
entienden ejemplos de la vida.
Ellos se fijan en lo que nosotros hacemos,
y aprenden de eso.

El lenguaje del cuerpo

Los niños no comprenden palabras,
comprenden el lenguaje del cuerpo.

Debemos observar lo que hacemos:
qué movimientos,
con qué ritmo,
con qué apariencia,
y con qué actitud.
Sólo eso es importante.

Los niños nos imitan,
tal como un pez pequeño
sigue a un pez más grande,
precisamente uno a uno.

Sólo ejemplos positivos

Si explicamos con un ejemplo al niño, él lo recordará de por vida, sabiendo que es así como debe comportarse.

"Yo quiero ser un robot destructor", "Ojalá fuera pirata". Si esos son los ejemplos que ve, no es de sorprendernos que esto sea lo que desee ser.

Por lo tanto, la actitud correcta es siempre darles ejemplos *positivos* para que eso sea lo que aspiren llegar a ser.

Hasta hace poco, estábamos preocupados por darle a los niños ejemplos positivos a través de películas e historias. Pero como consecuencia del desarrollo del ego durante el último tiempo comenzó una distorsión.

Los medios de comunicación se han convertido en la herramienta de educación. Y para los medios lo único que cuenta son los niveles de audiencia.

Un ejemplo para toda la vida

Debemos darle a los niños
un buen ejemplo en todas las áreas,
y el resto puede dejarse por su propia cuenta.

Si el ejemplo es genuino,
y el niño se impresiona con este de manera constante,
permanecerá en él para siempre.

Educación por medio de formas

Debemos presentar a los niños varias formas de comportamiento, a través de películas y obras de teatro. Sin embargo, ellos también podrán decidir por sí mismos hasta qué punto son correctas o no.

Por supuesto, el proceso debe ir acompañado de una explicación, de un análisis, y del escrutinio conjunto sobre el tema por parte de niños y padres o educadores. A esto se le llama "aprendizaje formativo", y es la manera en que la persona se impresiona y aprende.

CAPÍTULO CUATRO
Juegos

El juego construye al hombre

El juego es algo serio.

Por medio de él la persona crece.

El juego forma a la persona.

El modo de conocer al mundo

El juego no debe ser algo destinado a llenar el tiempo libre de los niños, de manera que nos dejen solos y jueguen pos sí solos.

Los niños desean aprender a través de los juegos.
Tienen el anhelo de conocer,
de participar, de romper,
de hacer.

El niño ve en cada momento de su vida
una oportunidad de conocer
el mundo.

Denominar "juego" al juego es error nuestro. Los niños no quieren sencillamente jugar, quieren comprender, hasta donde son capaces, lo que se oculta detrás de cada cosa, y cómo todo está conectado.

No perder el tiempo

El juego que sólo deja pasar el tiempo
es algo que nos satisface a nosotros,
como adultos confundidos,
debido a que *queremos* perder el tiempo.

Los niños no quieren
simplemente pasar el tiempo.
Para ellos el juego es la manera
de conocer el mundo.

El juego de la vida

Toda nuestra vida es un juego, porque a través de los juegos nos desarrollamos.

Cualquier crecimiento en la naturaleza se lleva a cabo con la ayuda del juego. Incluso el desarrollo de las células es un juego, porque aspiran al estado futuro que todavía no existe.

También el desarrollo espiritual es un juego.

Y en el caso de los niños, los juegos "infantiles" de todo niño determinan el tipo de persona que cada uno será.

Explicaciones sólo mediante el juego

A los niños nunca debemos insistirles sobre algo que va en contra de su deseo.

En lugar de esto, debemos explicarles lo que es bueno para ellos, lo que es aceptable para ellos, hasta que, tal como dice Maimónides: "Adquieran mucha sabiduría mayor".

Ellos obtendrán sabiduría mediante las explicaciones que les brindemos, pero estas deberán provenir únicamente en forma de juego. Si lo hacemos correctamente, de pronto comprenderán que no les conviene permanecer en la situación actual.

Juegos de la nueva generación

Es recomendable crear juegos infantiles mediante los cuales cada uno vea que no puede tener éxito sin los otros niños, y que sin ellos no podrán conseguir nada. Esto les enseñará que...

Solo significa débil,

solo significa pequeño,

solo significa que no es posible.

Es como en un juego de equipo: Existe un gran sentido de competencia, pero de todos modos, es un juego en el que cada uno depende de los demás.

De manera gradual, precisamente de esos ejemplos los niños aprenderán cuánto ellos necesitan de la sociedad, y cuánto pueden beneficiarse de una buena sociedad si ellos retribuyen sus bondades.

El juego como medio para el progreso

Es importante que el juego sirva como ejemplo, que el niño vea que asciende de nivel.

En otras palabras, lo que para él era respetable en el pasado, se hará irrelevante en la próxima situación, porque la meta se transformará en algo de una calidad superior.

La sabiduría de la vida
en el mundo de los juegos

Para facilitar a los niños la comprensión
de la esencia de las cosas,
debemos ir al nivel de aquello que interesa a los niños.
¿Cómo?
Revelándoles la sabiduría de la vida
por medio de *sus propios* juegos.

Sofisticación en el desarrollo de juegos

Para llegar a la conexión, cada uno debe realizar unas cuantas concesiones. Por consiguiente, el momento crítico en el juego debe ser cuando el niño siente que:

"¡Tengo que ceder,

aunque *en realidad* no quiero.

Pero luego,

si renuncio un poco,

tendré éxito con los demás!"

El éxito debe ser específicamente con todos, y no en solitario. El ingenio que se requiere de nosotros en el desarrollo de los juegos radica precisamente en este punto.

Crecer mediante el esfuerzo

No nos importa en absoluto
si los niños son exitosos
en los juegos y en las asignaciones
que les damos.

Lo que importa es su esfuerzo
porque a partir del esfuerzo crecen.

CAPÍTULO CINCO

Educar al niño a su manera

A su manera, precisamente hacia la meta

"A su manera" no significa llevar al niño hacia donde quiere ir, sino conducirlo hacia el objetivo correcto, a su manera, de acuerdo a su nivel, a su capacidad de percibir, y su carácter.

Pero el camino de cualquier manera conducirá precisamente hacia la meta.

Ser como el Creador

La regla "Educar al joven a su manera" dice que hay que mantener todos los atributos intrínsecos en el niño, y únicamente darle el método que le permita utilizar correctamente los rasgos distintivos que hay en él.

Desde el estado de explotación a todo el mundo, el niño deberá llegar al estado de "auto-explotación" para ser semejante al Creador –amar y otorgar al prójimo-, al tiempo que conserva sus atributos únicos.

De ese modo, educamos a los niños a ser como el Creador, pero a su propia manera. Nosotros le proporcionamos las herramientas, y ellos hacen el resto por sí mismos.

No existe nada que se haya creado que sea malo, todo es cuestión de cómo lo enfoquemos.

Carga interior

No se debe decirle al niño:
"Hazlo exactamente así"
o "Hazlo precisamente de la otra manera".
Esto es coerción.

Porque después de todo,
nadie sabe qué "carga" interna
heredó el niño,
de la cual debe percatarse.

Cada uno es especial

E stá escrito: "No hay coerción en la espiritualidad".
Esto significa que cada uno de nosotros mantiene sus características únicas dentro del rompecabezas humano, sin las cuales no sería capaz de complementar a los demás en la creación de la imagen general.

Cada persona en el mundo es indispensable y ninguno de nosotros puede alcanzar la perfección sin todos los demás.

Tenemos que afrontar las diferencias entre nosotros de manera gentil y respetuosa, porque nuestros atributos nos fueron dados por el Creador. Sólo debemos corregir el modo en que los utilizamos, sin dañarlos y sin oprimirnos a nosotros mismos.

Esta es la educación que el mundo necesita hoy en día.

No presionar

No se debe presionar a los niños;
sino asignarles tareas que puedan manejar.

Es importante saber que muchos hombres sabios apenas
comprendieron qué se requería de ellos en la escuela,
y sólo cuando finalizaron la escuela
de repente entendieron
y se hicieron grandes en sus áreas.

No les digamos qué – digámosles cómo

La manera correcta de educar es no decir al niño qué hacer. Si pregunta, hay que explicarle sólo cómo debe estar hecho.

¿Y qué hacer antes de que surja la pregunta? Utilizar una variedad de tácticas para estimularlos hacia el deseo de hacer lo que es correcto para ellos. El deseo debe provenir del niño. Puede que suene complicado, pero es la manera correcta de educar.

La sabiduría de la Cabalá se opone a cualquier tipo de presión. Explica que todo avanza y persiste de acuerdo al deseo del ser humano. Lo único que debemos hacer es despertar el deseo correcto.

Estudiar el otorgamiento correctamente

La sabiduría de la Cabalá no explica que el otorgamiento es bueno, debido a que ello contradice el deseo del niño.

No se le puede decir al niño algo que vaya en contra de su espíritu, de su forma natural. En vez de esto, es importante alentar al niño al juego, en el que tendrá que descubrir lo que es mejor para relacionarse con los demás de manera favorable, que uno obtiene un mayor beneficio de esto, y que vale la pena. Es decir, que es gratificante porque la sociedad lo motiva y reconoce el mérito en el niño por hacerlo.

La actitud positiva hacia el otorgamiento debe ser consistente. Es incorrecto mostrarle al niño que ahora lo trataremos bien después de realizar actos de otorgamiento, pero que mañana puede que esa respuesta cambie.

Los niños deben aprender que esta es la verdad de la vida, que así funciona la naturaleza, y mediante el estudio, el cambio ocurrirá dentro de ellos.

La manera en que nos creó la naturaleza

Uno quiere ser músico,
otro, ingeniero
y el tercero sueña con ser electricista.
Es muy bueno que así sea.

Como educadores,
debemos formarlos como seres humanos,
de acuerdo a sus habilidades,
según sus cualidades, las cuales son establecidas previamente por la naturaleza.
Es decir,
en vez de ir en contra del Creador
quien creó todas esas tendencias en los niños,
todas esas predilecciones,
debemos ayudar a formarlos
lo más cerca posible a *su* naturaleza.

En dirección hacia el amor

"A su manera",
significa simplemente dar una orientación al niño.

En el fondo, debemos ayudar al niño a percatarse de esa dirección a través del carácter innato, ayudarles a expresarse por medio de todo lo que recibieron de la naturaleza.

Los importante es que la naturaleza de uno, el total de sus atributos, sean orientados hacia el amor y el otorgamiento al prójimo.

Todo niño nace con una combinación especial de cualidades y tendencias. Hay que dejárselas, pero también demostrarles cómo pueden usar estas cualidades de manera correcta.

Explicación variada

Debemos ofrecerle al niño la mayor diversidad posible de explicaciones y proporcionarle la mayor cantidad de ejemplos a nuestro alcance.

A veces resulta muy difícil comprender al maestro en la escuela. Pero en casa, cuando mamá o papá explican los temas del modo que resulta más adecuado, más cercano al niño, las cosas se hacen más claras.

Así es como debemos explicar las cosas a los niños: usando ejemplos mediante los cuales puedan establecer la conexión entre ellos y el material, y a partir del contenido lograr comprender más acerca de ellos mismos.

División en grupos

Ya en la escuela primaria es posible ver niños que se encuentran en una dirección interior propia. Ellos lo descubren por sí mismos, pero nosotros debemos ayudarles.

Incluso en primer grado, la maestra puede detectar cómo cada alumno de su clase percibe al mundo, cómo se relaciona con la sociedad, con la vida, qué le atrae más o le disgusta, y cuál es su estructura interna.

Es recomendable relacionarse con los niños de acuerdo a eso; dividirlos en grupos según las características especiales de cada uno de ellos: aquellos que son más emotivos, aquellos más intelectuales, y quienes se sienten más atraídos por la naturaleza, la tecnología o los trabajos manuales. Luego podemos explicarles todo a ellos, incluso las cosas más simples, de acuerdo a la tendencia especial del grupo.

El rol en la sociedad

Debemos proporcionarle a cada niño un rol dentro de la sociedad. Esa función debe inducirle a participar, a expresarse, y a realizar las tareas grupales. El niño necesita sentir que se encuentra en el lugar que le corresponde.

Incluso los niños más agresivos merecen que les encontremos algo constructivo que puedan hacer en beneficio de la sociedad. Por regla, debemos hallar a los niños ocupaciones que les permita complementarse unos a otros dentro de la sociedad.

Observarse desde un costado

Es necesario ayudar a los niños a establecer la diferencia entre ellos y su naturaleza.

Debemos decirles: "¿Lo ves? De acuerdo a tu naturaleza, puede que seas rudo, terco, arrogante, o dominante. Pero todo eso no eres tú, sino lo que está en ti.

"Quizás puedas salir de 'eso' que está dentro de ti.

"Tratemos de cambiarlo juntos, y entonces descubrirás que estás cambiando tu comportamiento hacia todos. Esto será mejor para ti, y sacarás provecho".

Enseñarle al niño a diferenciar entre ellos mismos
y su inclinación interna
es una gran salvación para ellos.
De hecho, es el cimiento de la educación.

PARTE TRES
En casa

CAPÍTULO UNO
Entre padres e hijos

Ser un amigo

El niño necesita sentir que el padre de familia es un amigo, un hermano o hermana mayor, además de un padre de familia.

Debemos construir con los niños ese tipo de relaciones, donde existe la confianza, donde el niño da la bienvenida y quiere a sus padres en su vida.

Hogar

Nosotros no comprendemos cuán sensibles son los niños con respecto a su entorno.

La madre debe explicar para qué va al trabajo, por qué razón regresa a casa y cuál es su responsabilidad en el hogar. Por qué las relaciones con los miembros de la familia son de cierto modo y no de otro, y por qué está obligada a hacer esto o lo otro, con todas las dificultades que implica

De la misma manera, el padre tiene que explicarle acerca de su vida.

También los padres deben decirle a sus niños todo lo bueno que se deriva del hecho de tenerlos, cuánta atención les prestan, y cuánto disfrutan de ellos.

Si los padres transmitieran todas estas cosas a sus hijos, en la medida adecuada, por supuesto, no con toda la magnitud y la intensidad con que ellos lo experimentan, los niños se sentirían parte integral de ese sentimiento, y así, la atmósfera creada se llamaría "hogar".

Evitar las críticas hacia los niños

La verdad es que exigimos de nuestros hijos lo que nosotros mismos no logramos alcanzar.

Debido a que no nos sentimos completos, tendemos a completarnos a través de nuestros hijos.

Esta es la razón por la que ejercemos mucha presión sobre ellos.

La solución es tratar de alcanzar la plenitud por nosotros mismos, en lugar de exigirlo de nuestros hijos. Esta es precisamente la razón por la que se nos ha entregado la sabiduría de la Cabalá.

Si llegamos a la plenitud, o al menos comprendemos lo que significa y luchamos por alcanzarla, dejaremos de presionar a nuestros niños de manera innecesaria y les permitiremos crecer y desarrollarse de la mejor manera.

Orden en la casa

Pregunta: ¿Cómo acostumbramos al niño a ordenar la casa?

Respuesta: Si no acostumbramos a los niños a ordenar desde edad muy temprana, si no se convierte en parte de su naturaleza, el niño necesitará esforzarse todo el tiempo, hasta que finalmente deje a un lado esos límites y escape.

Cuanto más pronto inculquemos disciplina en el amor, más fácil será para el niño.

Si nos observamos, nos daremos cuenta de que también nosotros estamos gobernados por el dolor y el placer. Debemos explicar a los niños que nos encontramos en un mundo que siempre funciona de esa manera, que también nos trata de esa forma, y debemos responder a esto de modo consecuente.

La actitud correcta hacia los abuelos

Los padres deben mostrarle al niño el respeto que ellos les tienen a sus padres, al abuelo y la abuela.

Cuando los padres hacen ver a sus hijos cómo ellos se relacionan con sus padres –el abuelo y la abuela–, están educando a sus hijos a relacionarse con ellos –el padre y la madre– también de ese modo.

Auto-educación

Debemos comprender que
por el bien de nuestros niños
necesitamos también
auto-educarnos.

CAPÍTULO DOS
Entre hermanos

Llevarse bien unos con otros

Pregunta: ¿Qué se hace con hermanos que no se llevan bien?

Respuesta: Hallar el común denominador entre ellos y constantemente cultivar sólo eso.

Encontrar el punto en el que ellos puedan apoyarse uno al otro. Ese es el camino correcto.

Los hermanos en la familia

Debemos explicar a cada uno de los hermanos y hermanas en la familia, que si nacieron de los mismos padres y están creciendo juntos, uno al lado del otro, entonces, de acuerdo al alma, ellos probablemente se complementan entre sí y deben estar juntos.

Ellos tienen que comprender que aquí yace un programa más grande, que hizo que fueran hermanos. Su conexión familiar es precisamente la que les permite completar la Creación, y relacionarse uno al otro de una manera especial, construyendo entre ellos un vínculo mutuo.

Una conexión de ese tipo no nos permite decir: "No quiero que estés. Estoy haciendo como si no te existieras, déjame en paz".

Cada persona complementa a su prójimo, y en la familia cada miembro cuenta. Del mismo modo, cada nuevo miembro cuenta con un lugar, independientemente de las tendencias innatas y del comportamiento: puede que uno sea irresponsable, el otro indiferente, el tercero quizá sea soñador, y el cuarto racional.

Competencia por la cercanía de la madre

Pregunta: ¿Cómo manejarse con la envidia y la competencia por la proximidad de la madre?

Respuesta: Eso no depende de los niños, sino únicamente de la madre. Sólo ella puede ubicarse en una situación con respecto a ellos, de manera tal que ellos estén convencidos de que ambos son totalmente iguales por la forma en que ella los trata.

Nosotros aprendemos eso a través de la manera en que la fuerza superior nos trata: Uno no puede alcanzar al Creador, a menos que esté conectado por el amor al prójimo, debido a que el Creador se descubre en la conexión de uno con los demás. Es así como la madre tiene que perfilarse ante sus hijos: ellos recibirán amor siempre y cuando ambos se acerquen a ella juntos con un argumento. Y cuando se acerquen por separado, cada uno de ellos recibirá de parte de ella una respuesta más fría.

→

De este modo, los acostumbra a cooperar de la manera correcta; es decir, que una respuesta verdaderamente cálida sólo podrá recibirse juntos.

Este tipo de actitud construye en el hombre sistemas que lo preparan a uno a inclinarse de modo natural hacia la conexión con el prójimo. Tales personas ya no ven el objetivo mismo, sino que preguntan desde el principio: "¿Con quién puedo alcanzarlo?".

CAPÍTULO TRES
Padres

Demostrar una relación tranquila

Desde el nacimiento hasta los quince años por lo menos, los padres deben mostrar a los niños una relación tranquila.

El significado de "tranquila" es que no varíe drásticamente, ni siquiera hacia un cambio positivo que sea exagerado.

Los padres deben mostrar a sus hijos que están viviendo una vida de cooperación y comprensión mutua, que la relación entre ellos es armoniosa, sin exabruptos ni contrastes significativos.

Tampoco demostrar demasiado amor. Todo tiene que ser muy sólido y equilibrado.

Cada movimiento es un ejemplo

Los ejemplos que los padres dan a sus hijos a través de las relaciones entre ellos, se transmitirán más tarde a la vida conyugal de sus hijos y perdurarán en las familias que construyan.

Nosotros aprendemos por medio del ejemplo, llegamos a ser educados a través de ejemplos. Imitamos todo lo que vemos durante la niñez. Por lo tanto, tenemos que mostrar frente a los hijos una imagen en la que no hay problemas.

Un padre alcohólico, una discusión en la que se involucra a los abuelos, cualquiera sea el caso, el niño copiará estos ejemplos y los buscará en su propia vida.

Del mismo modo, si entre los padres existe algo en común, una conexión interior más elevada que esta vida, y eso los mantiene unidos, los hijos lo sienten. Ellos sienten que hay algo sublime, una base sólida que mantiene unidos a los padres por encima de todo lo que sucede.

No discutir frente a los hijos

Discutir frente a los hijos es algo que no debe suceder.
El hogar debe ser un lugar estable, que no cambia.
La seguridad viene del hogar.
Las disputas entre los padres sacudirán a los niños
y les afectarán de manera muy negativa.

CAPÍTULO CUATRO
En la familia

Reuniones familiares

En la familia todos son iguales. Nadie es superior ni inferior. La familia es el lugar en el que todos se encuentran en amor mutuo y el amor sólo es posible entre iguales.

Igualdad significa que cada uno tiene la posibilidad de expresar su opinión, todos lo escuchan, le preguntan y deciden juntos qué es lo correcto para cada uno, de acuerdo a su edad y situación.

Si los niños participan con frecuencia en ese tipo de reuniones, se tranquilizan. Saben lo que es apropiado para cada quien. Ellos ven que la familia funciona como un sistema perfectamente afinado, integral.

La familia como una pequeña sociedad

Los padres tienen que construir junto con los hijos una pequeña sociedad, en la que cada uno debe ser condescendiente con el otro, en beneficio de toda la familia. Este beneficio es mayor que el bien personal de cada miembro de la familia.

De modo que cada uno que desee poner en práctica la voluntad general de la familia más que la suya propia, le estará dando un ejemplo al otro.

Es importante que esto se haga como un juego en la familia, de manera que descubran de pronto hasta qué punto esto puede hacerlos progresar, ayudarles a entenderse mutuamente, a sentirse satisfechos, y disfrutar de lo bien que se sienten todos.

¿Y qué se hace con un niño obstinado, que no está dispuesto a ceder ante los demás?

Conviene tratarlo con amor, y de este modo fortalecer al resto. Por un lado, debemos mostrarle hasta qué punto pierde como resultado de su comportamiento, y por otro, cuánto gana si se une con los demás.

Es recomendable que esto se realice en el marco del hogar, asegurando que todos participen juntos en el juego, como una familia.

La verdad y sólo la verdad

Tenemos que enseñar a los niños a decir siempre la verdad, no importa cuál sea.

También cuando vemos hasta qué punto nosotros somos egoístas, esta es también la verdad. Debemos alegrarnos porque es la verdad lo que se descubre.

Si les enseñamos que la verdad es algo bueno, y que la verdad es lo que la persona siente en su interior, no importa si es agradable o no, entonces el niño se abrirá inmediatamente, y dejará de pensar: "¿Qué va a pensar la gente de mí?" Eso les sucederá de manera natural.

Un solo cuerpo integral

Los padres tienen que relacionarse con el niño como un solo cuerpo, no como dos padres separados. El niño no debe ver diferencia entre el padre y la madre, no es bueno que sienta que puede jugar con los sentimientos de la madre.

A pesar de que hablamos de la educación de los hijos y no de la educación de los padres, tenemos que comprender que todo se hace a través de los padres, a través del entorno adecuado. Pueden ser el abuelo y la abuela o el tío y la tía – todo el que se encuentra cerca del niño en la actualidad.

Es muy importante que los niños no sientan ninguna diferencia entre quienes les rodean.

Deben comprender que todos los tratan igual.

Como es natural, el niño recibe al padre y a la madre de modo diferente, pero en lo que a ellos se refiere, deben esforzarse por mostrarle una relación directa, sincera, correcta e equitativa con respecto a cualquier cuestión.

Equidad con respecto al propósito de la Creación

Los niños tienen que sentir
que les enseñamos cómo arreglarse en la naturaleza.

Qué está permitido y qué no,

qué conviene y qué no,

qué es peligroso y qué no lo es,

para alcanzar el bien.

En este proceso los padres y los niños se hallan juntos, como uno solo.

Todos somos una sola alma, y mientras nos encontramos en este mundo, no importa si pertenecemos a esta generación o a la anterior.

Esa actitud le otorga al niño fuerza y seguridad, porque siente que van juntos y que él es igual entre iguales.

Transmitir lo más preciado

Si algo es importante para nosotros,
debes transferirlo,
enseñarle al niño
acerca de su naturaleza.

Un estado de amor

Pregunta: ¿Cómo hablarle al niño acerca del mundo espiritual?

Respuesta: Es muy simple, decirle que hay algo superior a nosotros, que nos conduce. Desde allí descienden fuerzas que influyen sobre nosotros.

¿Por qué esas fuerzas operan sobre nosotros?

Con el propósito de despertar en nosotros el deseo de ascender nuevamente a ese nivel elevado, eterno, bueno y bello.

Para amarnos los unos a los otros,
para que nos conectemos,
para que vivamos "como un solo hombre
y un solo corazón".

Este lugar se llama "el mundo superior" o "el mundo espiritual". Este es el modo adecuado de explicarle al niño. Nunca debemos mentirle a los niños; aunque sea sólo un poco, pero sólo la verdad.

Hablar sobre la vida

Debemos revelar a los niños
el sentido de la vida,
decirles por qué y para qué se encuentran aquí.

No hay que temer que los niños no entiendan sobre qué estamos hablando. Incluso si nos parece que no entienden, sí lo hacen.

Conviene hacerlo con palabras simples, pero es muy recomendable hablar con ellos sobre temas elevados de la vida.

PARTE CUATRO

La escuela

CAPÍTULO UNO
El sistema educativo

La vida como escuela

"Escuela" es un nombre que incluye todo el proceso de nuestra vida.

No importa cuánto tiempo vivimos, a lo largo de toda la vida estamos en "la escuela".

Si observamos nuestras vidas como una secuencia de cambios cuyo propósito es conducirnos hacia la similitud con el Creador, entonces la escuela se revela en todo lo que se halla a nuestro alrededor.

Escuela "Sabiduría de la Vida"

En la escuela de la "Sabiduría de la Vida",
transformarnos en un "ser humano".

Para qué nacimos,
qué sucede en el mundo,
qué es la naturaleza.

Qué hay detrás de la naturaleza,
por qué estas fuerzas funcionan así sobre nosotros,
y qué necesitamos hacer en respuesta a eso.

Qué actitud debemos tener
respecto a lo que nos sucede diariamente,
de qué manera eso está vinculado con nosotros,
y cómo debemos relacionarnos con los demás.

Cómo ver la vida como una imagen transparente,
para descubrir la fuerza
que se encuentra detrás del escenario,
y para estar verdaderamente conectado con ella,
como con un amigo cercano.

Una educación como esa asegura que el niño cometa menos errores, no pierda su vida en una carrera detrás de falsos propósitos, y que triunfe realmente en la vida.

¿Cuál es el propósito de la escuela?

El propósito de la escuela
es construir el hombre global,
que se conduzca como parte corregida
de la sociedad humana.

Que pueda servir de ejemplo
a la sociedad humana con su comportamiento
y que logre guiar a la sociedad humana,
en todo lo que esta necesite
para alcanzar la plenitud.

Separación entre educación y conocimiento

En la escuela debe haber una separación clara y absoluta entre educación y conocimiento. Estas dos áreas necesitan ser estudiadas por separado e impartidas por distintas personas.

Por supuesto, quienes imparten materias como física, matemáticas, biología, arte, y otras, también deben constituir un ejemplo para los alumnos y no ceñirse solamente a las materias de las que son especialistas.

Para construir la escuela correcta es necesario que los maestros sean pacientes, experimentados en su profesión, que sepan combinar entre las materias que enseñan en relación al plan de estudios general del niño.

No existe tal cosa como el simple aprendizaje. El alumno siempre sigue el ejemplo de los adultos, por lo que el maestro no sólo tiene que exponer la materia que enseña, sino también mostrar las implicaciones de esta sobre nuestras vidas. Debemos recordar que a pesar de que la educación y el conocimiento son dos áreas separadas, el énfasis tiene que ponerse en la educación.

La sociedad educa a sus miembros

Es necesario establecer una escuela en la que haya un principio diferente: la sociedad -la sociedad de los niños-, educa a todos y cada uno.

Para ser indulgente,

afectuoso,

y que otorgue a la sociedad.

Es decir, el énfasis radica en el entorno. Y para los niños, los educadores y maestros no son su entorno, tampoco los adultos, sino los niños a su alrededor.

Por consiguiente, si alrededor de cada uno de ellos preparamos una buena sociedad de niños, una sociedad que condene una mala relación con el prójimo y que aplauda el buen trato hacia los demás, construiremos una generación de niños que se comportará de modo diferente.

Un marco destructor

Pregunta: En la escuela que nosotros conocemos, el día está dividido en lecciones, recreos, tareas, preguntas, respuestas, y más. ¿Es esta la forma adecuada?

Respuesta: Dicha educación comenzó en los tiempos de la Revolución Industrial, cuando requirieron que los obreros pudieran trabajar en las líneas de ensamblaje. El objetivo de la educación entonces era permitir a las personas analfabetas convertirse en obreros de fábricas los agricultores, a la gente simple, ser obreros. Por esta razón, el marco y el programa de estudios fueron establecidos para ser compatibles con las necesidades de la industria.

Pero los niños de hoy lo odian porque va en contra de la naturaleza del hombre. Este sistema no hace desarrollar a la persona, la destruye.

Sin timbres

Pregunta: En la escuela común, la clase comienza y termina con el timbre. ¿Cómo debe ser esto en la escuela "Sabiduría de la Vida?

Respuesta: En la escuela el timbre no es necesario en absoluto.

Cuando los alumnos, junto con los educadores, decidan que el tema se agotó, termina la clase y comienza el recreo. También durante el recreo, los alumnos pueden continuar las deliberaciones acerca de los asuntos que surgieron durante la actividad en el aula.

Luego comienza una nueva clase, con un tema nuevo.

La lección puede tomar un cuarto de hora o una hora y cuarto, depende si los alumnos y el educador sienten que tienen que seguir. De este modo, la persona se acostumbra a expresarse y a trabajar en los temas que más le interesan, sin dejar todo a mitad del camino.

Por otro lado, cuando hay un marco de tiempo obligatorio, la persona elude la responsabilidad y espera a que termine la clase.

Cuando no hay un horario preestablecido, el niño siente que el problema no desaparece al final de la clase, sino que a pesar de todo él tiene que resolverlo, debido a que nosotros existimos eternamente dentro de la naturaleza perfecta.

Esta sensación lo motiva a uno a ver la vida de otra manera. Construye dentro de nosotros un enfoque totalmente distinto hacia la vida, decimos: "Yo soy parte de la naturaleza y de la sociedad, y debo resolver mis problemas por medio de la conexión con los demás".

Todo niño puede

En el aula no se deben colocar a los niños en filas, sino en un círculo. Allí, todos son iguales.

Este principio también tiene que sentirse externamente. No debería haber un maestro en el aula dando sermones a los niños, sino un guía que lidera las discusiones en las que cada uno de los estudiantes pueden expresar ideas y pensamientos.

No es posible que en un aula haya varios niños activos y el resto apenas sea perceptible o únicamente escuche. El guía debe motivar a cada niño a expresarse, como individuo, y todos deben involucrarse de manera activa.

Por ejemplo, si el educador lee un cuento, cada uno de los niños tiene que hacer un comentario al respecto: exteriorizar sus pensamientos, sentimientos, opiniones. También sería conveniente que cada niño escribiera un par de frases acerca de la historia.

Debemos desarrollar las habilidades especiales que existen en cada niño, sin excepción.

Estudiando juntos

Cuando el guía plantea una disyuntiva, los niños tienen que ayudarse mutuamente para llegar a una solución común. Es decir, de manera constante tienen que ver que avanzan como resultado del apoyo mutuo. Ante todo, este es el fundamento que debe establecerse.

Incluso después, cuando aprendemos temas específicos, el guía debe propiciar que los niños conversen sobre un asunto específico y también asegurar que a través de la discusión conjunta, surja un entendimiento común. Si uno no entiende, entonces recibe la explicación de un amigo.

La clase debe conducirse de este modo: ocultamos una semilla en la tierra, como por ejemplo, una nueva información sobre física o matemática. Luego, esa semilla es cultivada por la sociedad mediante el intercambio de ideas entre los niños.

El entorno se desarrolla a partir de cada idea, de cada información, de cada actitud o enfoque, de cada frase y de cada decisión.

¿Para qué estudiamos?

Mientras estudiamos las materias, debemos combinar charlas sobre el significado de la vida, de modo que no se sienta la diferencia entre la temática en particular y nuestras vidas.

¿Por qué se estudia geografía, historia, geología, matemática, física o literatura?

¿Por qué el mundo está construido de este modo, y por qué sus leyes son esas?

Es decir, nosotros necesitamos explicar a los niños el punto de vista de cada materia dentro de la realidad general.

Durante la práctica de música, teatro o deporte, es necesario transmitir a los niños la sensación de que todas estas materias se efectúan para permitirle desarrollar sus sentidos lo más posible. Así, ellos logran determinar dónde se encuentran y hacia dónde se dirigen, lo que deben sentir aparte de lo que ya experimentan, y cómo pueden crecer a partir de esto.

Desarrollar al ser humano mediante debates

A lo largo de la historia y hasta las generaciones más recientes, todos los niños del pueblo judío sabían leer y escribir, debatir acerca de los libros de texto, y desarrollar análisis y síntesis.

También el método de estudio era único: debates. Una persona dice esto, pero la otra piensa diferente, y "¿por qué esto es así?", "¿de dónde viene esto?".

Así es como se desarrolla el ser humano, a través de diálogos y mediante la diferencia de opiniones.

Por otro lado, en el aula de hoy en día, apenas hay espacio para el debate. A los niños se les exige recibir todo del maestro y conformarse con eso, memorizarlo, y lo más importante, pasar el examen.

No hay desarrollo bajo opresión

La persona no puede evolucionar a partir de la opresión.
Con represión todo se comprime,
se cierra.
Esta es la forma de la escuela actual.

Tenemos que enseñarle al niño
cómo desarrollarse en la dirección correcta,
con libertad absoluta,
para que la solución siempre surja de su interior.

Vemos cómo crece la planta,
cómo rodea todo lo que halla en su camino.
La naturaleza encuentra por sí misma cómo crecer,
de qué manera desarrollarse.
Toda represión causa daño a la naturaleza.

Tenemos que ayudar a los niños
a desarrollarse sin limitación alguna,
y permitirle a cada uno de ellos
alcanzar la libertad interior.

Observando todo el sistema

El niño que crece con la sabiduría de la Cabalá desarrolla capacidades cerebrales y espirituales que le permiten afrontar todo, así como absorber una gran cantidad de información. Para un niño así, el aprendizaje de las ciencias se hace fácil.

Luego que el niño recibe la posibilidad de observar todo desde arriba y comprende el sistema general, inmediatamente divide y ordena todo lo que estudia, incluso la ciencia. Lo hace de acuerdo al modelo interior que existe en él, según el enfoque científico que recibió de la sabiduría de la Cabalá.

Lo mismo aplica a la psicología y a las ciencias sociales. Estos niños se controlan a sí mismos, saben de dónde provienen sus impulsos, y no hay nada en el mundo que pueda detenerlos.

El adulto enseña al joven

En los grupos de edad más joven, los niños pueden pasar parte del tiempo juntos, pese a las grandes diferencias entre ellos.

En principio, dicho comportamiento es muy beneficioso entre los jóvenes, dado que ellos toman como ejemplo a los niños más grandes. De modo natural, ellos aspiran ser como los mayores.

Por consiguiente, los niños mayores tienen que recibir un adiestramiento adecuado sobre cómo relacionarse con los que son más jóvenes que ellos, guiarlos y enseñarles.

Integrando a los niños en la enseñanza

Como regla, no es necesario estar satisfechos con la instrucción del maestro, sino que conviene utilizar también la ayuda mutua entre los niños.

Los pequeños aprenden de los grandes, y los grandes, a través de su trabajo con los menores, aprenden el enfoque correcto sobre la educación y la enseñanza.

Hasta cierto punto, los grandes se convierten en maestros y reciben nuevas conclusiones acerca de la manera en que ellos mismos están siendo educados.

Jóvenes educadores

La sabiduría de la Cabalá explica que sólo desde un nivel adyacente superior es posible corregir, educar, enseñar y cuidar a un escalón inferior.

A pesar de que la madre se encuentra en un escalón superior que el niño, ella debe descender a un escalón inferior, pero un poco más elevado que el del niño, para motivarlo a ascender paso a paso.

Este es el modo de progreso que la naturaleza diseñó para nosotros. Por esta razón, lo mejor es que los educadores sean jóvenes y con una mentalidad y perspectiva del mundo que sea lo más cercana posible a la de los niños con los cuales debe trabajar.

Ensalada educativa

Hay que introducir componentes de interioridad en todas las actividades infantiles a lo largo de todo el día. De este modo, el niño puede que participe en los juegos, en los deportes, cante, baile y coma, pero junto con eso, escuche charlas espirituales y aprenda lecciones de diferentes materias.

El tiempo de permanencia en la escuela debe convertirse en un todo integral, en una "ensalada" en la que el niño se encuentra desde la mañana, la cual concierne al hombre y a su mundo.

Los niños que crecen de este modo comienzan a observar el mundo como algo entero, que está abierto a todos los sentidos, a todos los canales, y esto los forma.

Además, todo esto tiene que combinarse sin interrupción con el trabajo en la sociedad de los niños, desde la relación que desarrollan entre ellos hasta la relación que desarrollan hacia el mundo que les rodea.

Debemos enseñarles a observar la realidad de manera amplia, integral. Un niño no debe diferenciar la casa de la escuela, su ser respecto al mundo, o el mundo perceptible del mundo más allá de mi percepción.

En vez de esto,
todo tiene que estar en su interior,
como un todo.

Esto se llama
"Amarás a tu prójimo como a ti mismo".
Cuando el niño se une con todos y
siente que ellos son parte de él.

No hay
tópicos distintos,
un maestro amado o uno odiado,
amigos con los que tiene una buena relación
y amigos con los que no.

Nada está dividido,
sino que todo está presente ahora
para servirlo.

Una sola imagen

La sabiduría de la Cabalá es la raíz de todas las ciencias, la raíz de todas las enseñanzas. Cuando comienzas a descubrirla, descubres en su luz todas las demás enseñanzas.

Al nivel inanimado, se encuentran la física y la geología; al nivel vegetal, están la botánica y la ecología. En el animado: biología, zoología y medicina. Y entonces, se descubre ante nosotros el nivel del hablante, del cual se ocupa la sabiduría de la Cabalá.

Sin embargo, todo debe estar conectado a una sola imagen.

Nosotros dividimos la naturaleza en diferentes materias, cuando en realidad es una sola. Esta es la razón por la que no la comprendemos. En contraste, el niño recibe todo como un solo mundo, incluyendo el mundo espiritual.

Por lo tanto, si estudiamos la naturaleza como una sola imagen, sin fragmentarla en disciplinas, los niños la comprenderán mejor.

Incorporando a los niños en un grupo

En la educación, de acuerdo a la sabiduría de la Cabalá, a cada niño se le enseña cómo usar el término "grupo".

Es como navegar: finalmente se llega al destino sólo por medio de la participación mutua.

Es necesario que los niños se incorporen en grupos, no clases, y ver que su educación se realiza en una pequeña sociedad llamada "grupo"; es decir, una "educación grupal".

En otras palabras, a través de la práctica, los juegos y otros medios, debemos facilitar a los niños la comprensión de lo que significa la unión entre las personas, que conduce a la unión de las almas.

Respuesta de la sociedad

Supongamos que un niño hace algo malo en el aula.

Todos en el aula fueron testigos y comienzan a reprenderlo. No quieren hablar con él o recibirlo si continúa comportándose de esa manera.

Una actitud de ese tipo por parte de la sociedad influye fuertemente sobre el niño, y logra persuadirlo de no reincidir en su mal comportamiento.

Educación, no castigo

Los niños necesitan determinar por sí mismos sus propios castigos; de lo contrario, no es educación, sólo castigo.

Además, bajo ninguna circunstancia el castigo tiene que ser el resultado de nuestras emociones en ese momento.

Debemos tratar el incidente únicamente después de sucedido, en el momento designado para eso, como en el juzgado, donde se toma nota del hecho ocurrido, y otro día es discutido.

Cuando se analiza, nosotros examinamos el ego que surgió de repente en el niño, como un pequeño saboteador que lo empuja a hacer cosas malas. El niño necesita comprenderlo y estar consciente del trabajo común que llevamos a cabo juntos, entendiendo lo que sucede en nuestro interior.

Una nueva clase de recompensa y castigo

Los niños deben ser tratados de forma tal que ellos entiendan la conexión entre castigo, recompensa, y la acción misma.

Deben comprender que el castigo no es castigo, sino educación. De la misma forma, una retroalimentación positiva no es un premio, sino el resultado correcto de una acción correcta. Los niños deben comprender que cualquiera sea el caso, las actitudes de los padres y de los educadores hacia ellos son sólo para su propio bien.

¿Cómo debe hacerse esto?

El educador debe producir una situación en la que el niño no reciba el castigo como castigo, sino como una especie de influencia sobre él que le ayudará a evitar una infracción parecida en el futuro.

Lo mejor es elegir un momento especial en el transcurso de la semana, en el que se converse con los niños acerca de todo lo sucedido en dicha semana.

Por ejemplo: "Ahora te corresponde un castigo así. ¿Es

correcto castigarte de esa manera? ¿Tú qué piensas? ¿Una actitud como esa te ayudará a ser cuidadoso la próxima vez y no violar los límites de comportamiento que determinamos?, o ¿consideras que necesitas un castigo diferente? Pensemos juntos; después de todo, estamos trabajando juntos sobre nuestro propio ego.

Por el momento, le decimos al niño: "Ahora tú actúas como un juez externo con respecto a tu ego. Tú y yo lo observamos desde el costado. En tu opinión, ¿qué podemos hacer con lo negativo que se encuentra dentro de ti?"

De este modo, nosotros educamos y elevamos el nivel del "ser humano" que hay en el niño. De lo contrario, el niño simplemente no comprenderá, se irritará y buscará diferentes maneras de eludir el castigo.

Si actuamos correctamente, el niño comenzará a ver que nosotros lo respetamos, que nos relacionamos con él como hacia una persona adulta: tratando de encontrar la mejor solución juntos para manejar el ego del niño.

Ver la vida correctamente

Necesitamos construir gradualmente en los niños una nueva manera de ver la realidad.

En lugar de ver la vida
como una competencia con los demás,
debemos ver la vida
como un medio para triunfar *con* los demás.

De este modo, podremos evitar a nuestros niños todos los problemas de nuestra generación.

La escuela comienza en casa

La escuela no tiene que apartarse de lo que sucede en casa. Es decir, también los padres tienen que involucrarse en los asuntos escolares del niño.

Si en la escuela hablan sobre cómo cambiar,
cómo acercarse al propósito de la Creación,
de qué manera unirse,
el niño debe escuchar en casa que esa es la meta,
y ver que eso también está presente
en la mente de los adultos.

Así, el niño no se sentirá desconectado de la sociedad de los adultos y no tendrá pensamientos, tales como: "Cuando sea grande voy a 'burlarme' de esta escuela y de todos estos maestros. Lo principal es terminar los estudios y escapar de aquí". En vez de esto, el niño verá que el mundo de los adultos se ocupa de lo mismo que se ocupan en la escuela, y lo apreciará.

Por lo tanto, es muy importante que los maestros, los educadores, y los padres de familia se involucren en el mismo trabajo interior, en el mismo proceso que los niños.

Socio activo

El estudio
tiene que convertir al niño
en un socio activo,
igual que un adulto.

Imaginemos qué
confianza y orgullo
sentirán entonces los niños.

Aprendiendo a ser humano

Cuando la sabiduría de la Cabalá le enseña a la persona que ella actúa únicamente de acuerdo a impulsos instintivos, también le enseña cómo transcender su naturaleza egoísta, y elevarse por encima del nivel animal que hay dentro del nivel humano.

Es un tema que puede ser impartido en la escuela.

La persona que se gradúe de una escuela como esa será en verdad humana, y sabrá mucho más que simplemente leer, escribir, y las tablas de multiplicar.

CAPÍTULO DOS
El educador

Que el amor gobierne

El educador es una persona que nació así.
Es alguien que nació para la amistad,
no para dominar.
Un educador es alguien que siente
que el amor debe gobernar,
y no el educador mismo.

De acuerdo a la manera del niño

La educación no debe ser
de acuerdo a la manera del educador,
sino según la manera del niño.

De lo contrario,
el individuo no puede ser un educador.

Visión de largo alcance

El maestro debe ser
una persona con una visión muy amplia,
y con cimientos muy fuertes.

Debe saber hacia dónde conducir al alumno, y definir qué tipo de estudiantes desea ver al final del proceso, después de muchos años de trabajar con ellos.

Maestro = amigo adulto

Pregunta: ¿Qué imágen tienen que ver los alumnos en el maestro?

Respuesta: Como un amigo adulto.

Un maestro no es alguien que aterroriza e intimida, sino una persona a la que los niños desean acercarse.

Nosotros no necesitamos crear un marco en el que se les diga a los niños: "¡De pie!", "¡Sentarse!", como en el ejército. En vez de esto, debe haber una atmósfera amigable, en la que los niños y los maestros pasen muchas horas juntos.

Uniéndonos con los niños

Los educadores tienen que estar al nivel de los niños,
unirse y mezclarse con ellos.

A partir de esta situación tienen que lanzarles preguntas a los niños y permitirles aclararlas entre ellos.

Pero el esclarecimiento debe surgir dentro del mismo grupo.

Comprendiendo a los niños

Para comprender a los niños,
tenemos que descender a su nivel.

Si el lector es mayor, entonces se trata
de un maestro o de un padre de familia.
Si es menor, es un alumno
Si es igual, es amigo.

Por lo tanto, si queremos conectarnos con los niños
y conectarnos con ellos,
debemos ser como un amigo.

Descender para ascender

Los educadores tienen que descender al nivel de los niños. Es decir, conectarse con ellos como amigos. Pero mientras se establece el vínculo, los educadores deben cambiar paulatinamente el modo de comportamiento de los niños.

Ellos van con los niños a todo tipo de lugares, realizan con ellos todo tipo de actividades, y se comportan como ellos. Pero al mismo tiempo, de manera gradual toman las riendas en sus manos y diseñan en los niños nuevos modos de comportamiento.

Juntos hacia la meta

Los padres y los niños deben avanzar juntos hacia la misma meta sublime, y no dejar que el maestro esté desconectado del desarrollo del niño.

El niño debe sentir que también el maestro se halla en el mismo desarrollo y se esfuerza por la misma meta.

A partir de su experiencia andando por el mismo camino hacia el equilibrio con la naturaleza, el maestro puede revelar a los niños sólo un poco más de lo que el niño ya sabe. Esta debería ser la atmósfera mientras aprende.

El maestro es...

El maestro es el que enseña
cómo vivir,
cómo sobrevivir,
cómo entender la imagen del mundo.
El maestro es todo.
El maestro es el que
esculpe al ser humano.

Ser un maestro

Si hablamos acerca de la construcción del ser humano, acerca de su preparación para la vida, entonces sólo el que se desarrolla espiritualmente puede ser maestro.

No puede serlo toda persona que sólo terminó la universidad o alguna institución de educación superior.

¿Cómo puede la persona enseñar a los niños el comportamiento correcto en el mundo, si no sabe lo qué les sucede a ellos en su interio?

Un modelo a seguir

La función de los educadores
es proporcionar a la generación más joven
un ejemplo del próximo escalón
al que ellos deben aspirar,
paso a paso.

Socios

Si los padres y los maestros valoran la meta
hacia la cual encauzan a los niños,
entonces se convierten en socios,
avanzando juntos,
evolucionando mano a mano con los niños.

La educación comienza con la actitud

Los niños se desarrollan
según la forma en que son tratados,
por la forma en que les hablamos,
y por los ejemplos que ven.

Por lo tanto,
el educador debe constituir un ejemplo para los niños,
mediante su actitud hacia ellos,
en cada palabra,
en cada acción,
y en cada movimiento.

"Nosotros no creamos nada.
Nuestro trabajo únicamente consiste en iluminar
lo que se oculta en el interior del hombre".

Menajem Mendel de Kotz

APÉNDICE UNO

Lectura adicional

Para ayudar a determinar qué libro leer después, hemos establecido cuatro categorías: Principiantes, Intermedio, Bueno para todos, Textos de estudio. Las dos primeras categorías están divididas por el nivel de conocimiento previo que se requiere de los lectores. En la categoría Principiantes no es necesario un conocimiento previo. La categoría Intermedio requiere del lector haber leído primero uno o dos libros para principiantes. La tercera categoría, Bueno para todos, incluye libros que siempre se pueden disfrutar, sin importar si la persona es totalmente novata o si tiene amplios conocimientos sobre Cabalá.

La cuarta categoría –Textos de estudio– incluye traducciones de materiales procedentes de fuentes auténticas de cabalistas anteriores, tales como el Arí, Rabí Yehuda Ashlag (Baal HaSulam) y su hijo y sucesor, Rabí Baruj Ashlag (Rabash).

En el sitio www.kabbalah.info/es pueden encontrarse textos de estudio adicionales ya traducidos pero que aún no han sido publicados. En este sitio, el acceso a todos los materiales es completamente gratuito.

Principiantes

La guía de la sabiduría oculta de la Cabalá
(Nowtilus, España)

Este libro ofrece la oportunidad de conocer todos los misterios que encierra la Cabalá, una de las principales corrientes de la mística judía que fue originalmente diseñada como un método para mejorar la vida, para crecer.

La Cabalá, en sí misma, es una herramienta. Y este libro, es el que nos ayudará a utilizar esta herramienta de la manera más óptima. Así, nos ayudará a descubrir la auténtica fuerza de dar y recibir, nos permitirá aprender los principios del dolor y del placer... y nos enseñará a ver la verdad en la realidad que nos rodea.

Cabalá para no iniciados
(Random House Mondadori-Grijalbo, México)

La Cabalá es mucho más que una frívola moda de las estrellas de Hollywood, o que llevar un brazalete rojo. Su pensamiento nos impulsa a mirar más allá de lo tangible para dar propósito y sentido a nuestras vidas en busca de la iluminación.

Cabalá para no iniciados es un libro que ofrece precisamente eso: cómo adaptar esta filosofía antigua a nuestra vida moderna y hacerla parte de la cotidianidad. En él se encontrará:

- Mitos y realidades en torno a la Cabalá.

- Una guía clara para aprender a leer la Biblia o Torá desde este punto de vista.

- Consejos prácticos para incorporar su esencia a nuestra vida diaria.

- La historia de la creación según sus enseñanzas.

El lector está a punto de iniciar un viaje por el tiempo de más de seis mil años de antigüedad y a través de los cinco mundos espirituales. Así aprenderá la esencia y el propósito de su vida y descubrirá cómo sus deseos afectan el mundo que le rodea. Descubrirá éstas y muchas otras razones que han hecho que esta milenaria ciencia se encuentre cada día más vigente.

Cabalá para aprendices: Principios básicos para una vida plena (Grupo Editorial Norma, Chile)

Cabalá para aprendices es un libro para todo aquel que esté buscando respuestas a las preguntas esenciales de la vida, tales como, "¿para qué venimos a este mundo?", "¿por qué experimentamos placer y dolor?" y "¿por qué los seres humanos somos como somos?"

En este libro, el lector encontrará un método claro y fiable para comprender los fenómenos de este mundo. Además, ayudará a quienes buscan la verdad espiritual a dar el primer paso hacia la compresión de las raíces del comportamiento humano y de las leyes de la Naturaleza.

En estas páginas se encuentran los principios fundamentales de la Sabiduría de la Cabalá, acompañados por una clara descripción de su funcionamiento.

La Cabalá es un método sumamente acertado, sistemático y probado a través del tiempo, que nos ayuda a estudiar y definir nuestro lugar en el universo. Esta sabiduría nos explica por qué existimos, de dónde venimos, por qué nacemos, para qué vivimos y adónde vamos cuando dejamos nuestra vida en este mundo.

Cabalá para principiantes
(Ediciones Obelisco, España)

La sabiduría de la Cábala es un método antiguo y experimentado, mediante el cual el ser humano puede recibir una conciencia superior, alcanzando la espiritualidad. Si alguien siente un deseo y un anhelo de espiritualidad, podrá encauzarlo por medio de la sabiduría de la Cábala, otorgada por el Creador.

La Cábala enseña un método práctico para aprender a conectar con el mundo superior y la fuente de nuestra existencia mientras estamos en este mundo.

El hombre alcanza así la perfección, toma las riendas de su vida y trasciende los límites del tiempo y del espacio, llenando de sentido su vida y alcanzando la serenidad y el gozo infinito desde este mundo.

Intermedio

Torre de Babel - Último piso; Israel y el futuro de la humanidad (Laitman Publishers)

En estos días estamos siendo testigos de un proceso que se inició miles de años atrás y que ha estado diseñando nuestra historia y determinando los eventos de nuestras vidas desde esa fecha en adelante.

En el pasado, la humanidad se centró en Mesopotamia, alrededor de la antigua Babilonia. Después, hubo un estallido del egoísmo y las personas se alejaron, se dividieron. Esa también fue la época en que la Cabalá fue revelada.

Pero cuando los cabalistas llegaron a la conclusión de que el mundo todavía no estaba listo para recibir esta sabiduría, se vieron obligados a ocultarla. Ellos la han estado guardando para la época en que la humanidad necesitara cambiar su corazón.

Actualmente, en los albores del siglo XXI, finalmente estamos listos. Miles de años de evolución no nos han hecho más felices, y es dentro de esta confusión e inseguridad que la Cabalá puede surgir y prosperar, ofreciendo una nueva solución.

Bueno para todos

Cabalá: *Alcanzando los Mundos Superiores* (Grupo Planeta Chile-Sudamérica)

Una meta importante en el estudio de la Cabalá es utilizar este conocimiento para influir en el destino de cada uno de nosotros. El proceso implica el darnos cuenta del verdadero propósito de estar aquí, descubriendo el significado de la vida y la razón por la cual ésta se nos ha otorgado.

Alcanzando los Mundos Superiores es una magnífica introducción a la sabiduría de la Cabalá, un primer paso hacia el descubrimiento del máximo logro del ascenso espiritual. Este libro llega a todos aquellos que buscan respuestas y para quienes tratan de encontrar una manera lógica y confiable de entender los fenómenos mundiales. Brinda una nueva clase de conciencia que ilumina la mente, da vitalidad al corazón y lleva al lector a las profundidades de su alma.

El poder de la Cabalá[*] (Grupo Planeta España)

Hoy en día, mucha gente se siente sin rumbo en la vida ante las promesas incumplidas de riqueza, salud, y felicidad que se suponía traerían el desarrollo tecnológico y científico. Muy pocos logran todo eso, e incluso ni siquiera pueden afirmar que

---

[*] Es el mismo libro "Alcanzando los Mundos Superiores", con una presentación diferente, de acuerdo al país de publicación

168

tendrán lo mismo mañana. Pero el beneficio de este estado es que nos está forzando a reexaminar nuestra dirección y preguntarnos: "¿Es posible que estemos en un camino equivocado?"

El poder de la Cabalá es un manual de instrucciones para la vida, un método para comprender y vivir en armonía con las leyes del universo.

El Rav Dr. Michael Laitman, nos brinda un nuevo prisma a través del cual contemplar y entender el universo para sentirnos en equilibrio, paz y plenitud.

La Voz de la Cabalá
(Laitman Publishers)

En nuestra época, hay una sensación general de que "todo el mundo estudia Cabalá". Sin embargo, la sabiduría de la Cabalá no es una moda pasajera, sino, un método ancestral que pertenece a la cima del pensamiento humano; una sabiduría que abarca todo lo que requiere el ser humano para lidiar con los grandes desafíos que enfrenta.

El libro *La Voz de la Cabalá* es una selección y recopilación de los principales artículos de Cabalá publicados en nuestro periódico en español, clasificados en 10 capítulos que constituyen un mosaico rico y completo de esta sabiduría milenaria, para todo aquel que esté realizando sus primeros pasos en este camino. Aborda temas como: El Zóhar, el libre albedrío, la mujer y la espiritualidad, Cabalá y ciencia, entre otros.

Tu propósito en la vida
(Grupo Planeta México)

La Cabalá es una sabiduría ancestral, con 5.000 años de antigüedad, que se remonta a la antigua Mesopotamia. Detalla cómo están conformados los mundos, incluyendo el nuestro, y las fuerzas que actúan sobre nosotros.

Escrituras del siglo pasado explican que somos la primera generación capaz de usar la Cabalá en nuestro mundo, el mundo material infinito.

Tu propósito en la vida es una versión más corta, pero no menos profunda, del libro Alcanzando los Mundos Superiores para quienes deseen realizar una lectura sintetizada de este libro, el cual permite al lector progresar en la comprensión de esta sabiduría y utilizar dicho conocimiento de forma apropiada, elevando la mirada por encima del horizonte del universo material.

Rescate de la crisis mundial: Una guía práctica para emerger fortalecidos (Laitman Publishers)

Los antecedentes del Dr. Michael Laitman lo colocan en una posición única para ofrecer un panorama vasto y esperanzador sobre la actual crisis mundial. El Dr. Laitman brinda una perspectiva real y acertada, basada en sus ámbitos de especialización como Profesor de Ontología, Doctor en

Filosofía y Cabalá, con Maestría en Biocibernética médica, para dar respuesta a los descomunales retos que estamos enfrentando hoy día.

En este libro, el Dr. Laitman introduce conceptos fascinantes que se entrelazan en una solución profunda y global para hacer frente a estos problemas:

- La crisis en esencia no es financiera, sino psicológica: Hemos perdido toda confianza los unos en los otros, y donde no hay confianza, no hay comercio; sólo aislamiento y parálisis.

- Esta enajenación es el resultado de un proceso natural que se ha venido desarrollando durante milenios y que es hoy cuando llega a su culminación.

El punto en el corazón: fuente de placer para mi alma (Laitman Publishers)

Una vez que aparece en el corazón humano la vida nunca podrá ser la misma. Es una transición hacia la madurez, un despertar que provoca un profundo cambio interno. Es un deseo singular que conduce a la persona hacia la percepción de un nuevo mundo de plenitud, satisfacción, y amor. El Punto en el Corazón contiene extractos selectos de las palabras del principal cabalista de nuestro tiempo, Dr. Michael Laitman.

Juntos por siempre
(Laitman Publishers)

En Juntos por siempre, el autor nos dice que si somos pacientes y superamos las pruebas que se nos presentan a lo largo de nuestra vida, nos convertiremos en personas más fuertes, más valientes y más sabias. En vez de hacernos más débiles, aprenderemos a crear nuestra propia magia y nuestras propias maravillas, de manera que sólo un mago lo puede hacer.

En este tierno y cálido relato, el Dr. Michael Laitman comparte con los niños y padres de familia algunos de los tesoros y encantos del mundo espiritual. La sabiduría de la Cabalá está colmada de fascinantes historias. Juntos por siempre es otro regalo más de esta sabiduría eterna, cuyas lecciones hacen que nuestras vidas sean más ricas, más sencillas y mucho más plenas.

Textos de estudio

Shamati — He escuchado
(Laitman Publishers)

"Al no sentirse bien durante el Año Nuevo Judío en septiembre de 1991, Rabash me llamó a su lado en su lecho de enfermo, y me entregó un cuaderno de notas, en cuya cubierta se podía leer sólo una palabra: Shamati (He escuchado). Cuando me entregó el cuaderno, me dijo: 'Tómalo y aprende de él'. A la mañana siguiente, mi maestro murió en mis brazos, dejándome a mí y a muchos de sus discípulos sin dirección en este mundo".

Comprometido con el legado de Rabash por diseminar la sabiduría de la Cabalá, he publicado su cuaderno de notas, tal como fue escrito, preservando así el poder transformador del texto. Entre todos los libros que se han escrito sobre Cabalá, Shamati es una composición única y determinante.

APÉNDICE DOS
Sobre Bnei Baruj

Bnei Baruj es un grupo de cabalistas en Israel que busca compartir la sabiduría de la Cabalá con todo el mundo. Cuenta con materiales de estudio basados en textos cabalísticos auténticos que se han ido transmitiendo de generación en generación. En la actualidad, estos recursos didácticos se encuentran disponibles en más de 30 idiomas.

Historia y origen

En 1991, tras el fallecimiento de su maestro, el Rabash, Michael Laitman estableció un grupo de estudios de Cabalá llamado "Bnei Baruj". Laitman fue el alumno aventajado y el asistente personal del Rabash, siendo reconocido como el sucesor de su método de enseñanza.

El Rabash fue el hijo primogénito y sucesor de Baal HaSulam (1884-1954), el cabalista más grande del siglo XX. Baal HaSulam es el autor del comentario más amplio y autorizado sobre *El Libro del Zóhar*, titulado *El Comentario Sulam* (escalera). Este gran cabalista fue el primero en revelar el método completo para alcanzar la elevación espiritual.

En la actualidad, Bnei Baruj basa todo su método de estudio en el camino que nos prepararon estos dos grandes maestros espirituales.

Método de estudio

El método de estudio único desarrollado por Baal HaSulam y su hijo, el Rabash, es el que se imparte y se sigue a diario en Bnei Baruj. Este método está basado en fuentes cabalísticas auténticas como son *El Libro del Zóhar*, de Rabí Shimon Bar-Yojay; *El Árbol de la Vida*, del ARI y *El Estudio de las Diez Sefirot*, de Baal HaSulam.

A pesar de que el estudio está basado en estas fuentes cabalísticas auténticas, este se lleva a cabo empleando un lenguaje sencillo y común, todo ello desde una perspectiva contemporánea y científica. El desarrollo de esta metodología ha hecho que Bnei Baruj sea una organización respetada a escala internacional.

Esta combinación única de un método de estudio académico junto a la propia experiencia personal, expande la perspectiva del estudiante y le otorga una nueva percepción de la realidad en la que vive. A aquellos que siguen el camino espiritual, se les proporciona las herramientas necesarias para que se estudien tanto a sí mismos, como a la realidad que les rodea.

El mensaje

Bnei Baruj es un colectivo diverso con alrededor de dos millones de estudiantes en todo el mundo. La esencia del mensaje que difunde Bnei Baruj es de carácter universal: la unidad entre personas y naciones, así como el amor al ser humano.

Durante miles de años, los cabalistas han estado enseñando que el amor hacia el hombre debe constituir la base de toda relación humana. Este sentimiento reinaba en los tiempos de Abraham y en el grupo de cabalistas que él estableció. Si recuperamos estos valores ancestrales, aunque contemporáneos, descubriremos en nosotros la capacidad de olvidarnos de nuestras diferencias y unirnos.

La sabiduría de la Cabalá, oculta durante miles de años, ha estado esperando el momento en que la humanidad estuviera lo suficientemente desarrollada y preparada para poner en práctica el mensaje que encierra. En la actualidad, está resurgiendo como una solución capaz de unir diferentes grupos y facciones en todas partes, permitiéndonos, como individuos y como sociedad, enfrentarnos a los retos que nos presenta la vida hoy.

Actividades

Bnei Baruj ofrece toda una variedad de formas para que las personas puedan explorar su vida y la naturaleza, brindando una cuidadosa orientación tanto a los alumnos principiantes como a los avanzados.

Sitio en internet

El sitio web de Bnei Baruj, www.kab.info, presenta la auténtica sabiduría de la Cabalá a través de ensayos, libros y textos originales. Es la fuente de difusión de auténtico material cabalístico con más repercusión en la red, albergando una exclusiva y extensa biblioteca para todo aquel que desee explorar a fondo las fuentes de la Sabiduría de la Cabalá.

El Centro de Estudios en línea de Bnei Baruj (Education Center), ofrece cursos gratuitos de Cabalá para principiantes, brindando a los estudiantes una formación sobre esta extensa sabiduría desde la comodidad de sus hogares.

El canal de televisión de Bnei Baruj retransmite vía Internet en www.kab.tv/spa ofreciendo, entre otros programas, las clases diarias del Profesor Laitman, complementadas con textos y gráficos.

Todos estos servicios se proporcionan de manera gratuita.

Periódico

Kabbalah Today es un periódico gratuito que se publica y difunde mensualmente por Bnei Baruj en varios idiomas, incluyendo inglés, hebreo, español y ruso. Su contenido es apolítico, no comercial, y escrito con un estilo claro y contemporáneo. El propósito de *Kabbalah Today* es exponer al público en general el vasto conocimiento oculto en la sabiduría de la Cabalá, sin costo alguno, en un formato y estilo atractivos para los lectores en cualquier parte del mundo.

La versión en inglés de *Kabbalah Today* puede ser adquirida en las principales ciudades de Estados Unidos, así como en Canadá, Inglaterra, Sydney y Australia. También se encuentra disponible en Internet, en www.kabtoday.com. El periódico en español, *Cabalá Hoy*, se distribuye en América Latina, España y entre la comunidad hispana de Estados Unidos.

Televisión

Bnei Baruj ha creado una productora, ARI Films (www.arifilms.tv), especializada en la realización de programas educativos de televisión por todo el mundo y en diversos idiomas.

En Israel, Bnei Baruj tiene su propio canal de televisión por cable y vía satélite 24 horas al día. Todas las emisiones de dicho canal son gratuitas. Y los programas están adaptados a todos los niveles, con emisiones dirigidas tanto a los principiantes como a los estudiantes avanzados.

Conferencias

Dos veces al año, los estudiantes se reúnen durante un fin de semana de estudio y socialización en conferencias realizadas en distintos lugares de Estados Unidos. También se lleva a cabo una convención anual en Israel.

Estos encuentros brindan la oportunidad de conocer personas con los mismos intereses, de unirse y de ampliar la comprensión de esta sabiduría.

Libros

Bnei Baruj publica libros de Cabalá auténtica. Estos son esenciales para un entendimiento óptimo de esta sabiduría, explicada día a día en las lecciones del Profesor Laitman.

Los libros del Dr. Laitman están escritos en un estilo contemporáneo y sencillo, basándose en los conceptos de Baal HaSulam. Constituyen un eslabón esencial entre el lector contemporáneo y los textos originales. Todos los libros están a la venta en www.kabbalahbooks.info, además de estar disponibles para su descarga gratuita.

Clases de Cabalá

Como han hecho los cabalistas durante cientos de años, el Rav Michael Laitman imparte una lección diaria en el Centro de Bnei Baruj Israel entre las 03:00 y las 06:00 de la mañana (hora de Israel). Las lecciones son en hebreo con traducción simultánea a siete idiomas: inglés, ruso, español, francés, alemán, italiano y turco. Estas clases en directo, retransmitidas en el sitio www.kab.tv/spa, llegan de manera gratuita a miles de estudiantes por todo el mundo.

Financiación

Bnei Baruj es una organización sin ánimo de lucro dedicada a la enseñanza y a la difusión de la sabiduría de la Cabalá. Para mantener su independencia y pureza de intenciones, Bnei Baruj no recibe financiación ni apoyo ni se encuentra vinculada a ninguna organización política o gubernamental.

Dado que la mayor parte de sus actividades se proporcionan al público sin coste alguno, la fuente principal de financiación para las actividades del grupo son las donaciones y el diezmo -al que contribuyen los estudiantes de manera voluntaria- así como los libros del Dr. Laitman, que son puestos a la venta a precio de coste.

INFORMACIÓN DE CONTACTO

Centro de Estudios de Cabalá Bnei Baruj
Sitio Web: http://www.cabalacentroestudios.com/
Correo electrónico: estudios@kabbalah.info

Sitios Web
www.kabbalah.info/es
www.kab.tv/spa
www.laitman.es
www.canalcabala.com
www.kabbalahmedia.info
www.kabbalahbooks.info

Bnei Baruj
(Instituto de Educación e Investigación de la Cabalá)
Correo electrónico: spanish@kabbalah.info

Israel
P.O.Box 1552, Ramat Gan 52115, Israel
Teléfono: +972-3-9226723, Fax: +972-3-9226741

Norteamérica
1057 Steeles Avenue West, Suite 532
Toronto, ON M2R3X1
Canadá
1(866) LAITMAN
info@kabbalahbooks.info

www.ingramcontent.com/pod-product-compliance
Lightning Source LLC
Chambersburg PA
CBHW050121280326
41933CB00010B/1188